PROCÈS-VERBAL
DE
L'ASSEMBLÉE GÉNÉRALE DE LA PROVINCE D'ANJOU,

Tenue le 6 Octobre 1789, dans l'Église des Prêtres de l'Oratoire de la Ville d'Angers.

CONCERNANT

LE REMPLACEMENT DE L'IMPOT DU SEL.

A ANGERS,
De l'Imprimerie de PAVIE, Imprimeur du COMITÉ.

1789.

PROCÈS-VERBAL DE L'ASSEMBLÉE GÉNÉRALE DE LA PROVINCE D'ANJOU.

L'AN mil sept cent quatre-vingt-neuf, le six octobre,

Les représentans des villes, bourgs, paroisses et communautés de la province d'Anjou, duement convoqués et réunis en assemblée provinciale, en l'Eglise de l'Oratoire de la ville d'Angers, pour aviser aux moyens les plus prompts et les plus efficaces de remplacer d'une maniere avantageuse pour le bien de l'état, l'impôt du sel, conformément au décret de l'assemblée nationale, du 23 septembre dernier, qui ordonne que la gabelle sera supprimée aussi-tôt que le remplacement en aura été concerté et assuré par les assemblées provinciales;

M. Delaunay le jeune, président du comité général et permanent de la ville d'Angers, prenant la parole, a dit :

MESSIEURS,

DE grands intérêts nous rassemblent : la gabelle s'éleve au milieu des ruines sous lesquelles la destruction des barrieres l'avoit ensevelie ; l'inquisition fiscale renaît de ses cendres ; et les efforts que nous avons faits pour rompre les chaînes qui nous assujétissoient, vont devenir autant de forfaits à ses yeux.

Un décret de l'assemblée nationale, ordonne la fixation du sel à 30 liv. le minot, permet d'en lever où bon semblera, et donne l'assurance que cet impôt sera supprimé, *aussitôt que son remplacement aura été concerté avec les assemblées provinciales.*

Nos représentans ont en vain tonné contre l'impôt de la gabelle. Ils ont en vain répondu à la confiance que nous leur avons donné, avec la fermeté et le patriotisme de bons citoyens. Ils vouloient anéantir jusqu'au nom de la gabelle ; mais les besoins impérieux de l'état, la force nécessiteuse des circonstances, les ont engagés à proroger cet impôt pendant quelques mois.

A peine ce décret a-t-il été connu, que le régime fiscal s'est mis en activité. Des ordres ont été donnés, pour aviver les greniers ; et la gabelle a cru avoir racheté le droit de nous tourmenter, par les sacrifices que la crainte ou le désespoir lui ont fait faire.

La province a frémi d'indignation, en voyant l'audacieuse confiance des suppôts de la hiérarchie financiere : elle a redouté d'être encore la proie des ennemis de sa tranquillité. Théâtre d'une guerre intestine entre les armées militantes et contre-militantes de la gabelle ; dévastée et déchirée par les brigandages et les assassinats qui s'y commettent, sans nombre, elle a fait entendre un cri universel contre le rétablissement de cet impôt.

Le comité permanent de la ville d'Angers, a cru qu'il étoit de son devoir d'obéir le premier au décret de l'assemblée nationale, en remplaçant l'impôt de la gabelle par une prestation pécuniaire.

Des circulaires, Messieurs, ont été adressées à vos municipalités. Vous venez consommer avec nous, des sacrifices nécessaires au salut de la patrie, qui est notre suprême loi. Eclairés les uns par les autres, nous n'aurons qu'une même façon de penser ; et dans l'union, va résider toute notre force.

En proscrivant la gabelle, en effaçant à jamais la trace d'un impôt auquel des siecles entiers n'ont encore pu nous accoutumer; souvenons-nous que notre province a donné dans tous les tems, l'exemple de fidélité au souverain, et de dévouement au bien de l'état.

Ensuite le comité ayant invité l'assemblée de nommer un président et des secrétaires, cette proposition a été acceptée ; et les voix prises, il a été arrêté que M. Delaunay le jeune, président du comité, présidera l'assemblée, et que MM. Delaunay l'aîné, et de la Revelliere, secrétaires du comité, seront les secrétaires de la présente assemblée,

MM. Delaunay le jeune, Delaunay l'aîné, et de la Revelliere, ayant accepté et pris les places à eux destinées,

M. Delaunay aîné, a dit, que l'assemblée nationale a décrété provisoirement le prix du sel à 30 livres le minot ; que sans doute elle n'a vu dans le rétablissement de la gabelle, que la nécessité de continuer cet impôt pour la sûreté de la dette publique, qu'elle a mise *sous la sauvegarde de l'honneur et de la loyauté françoise*;

Qu'elle n'ordonne la perception d'un impôt aussi odieux ; que jusqu'à ce que *le remplacement en ait été concerté et assuré par les assemblées provinciales* ;

Que les députés et représentans des paroisses de l'Anjou, dûment réunis en assemblée provinciale, pour l'intérêt général et pressant de la province, peuvent et doivent, aux termes de l'article II. du décret, du 23 septembre dernier, *concerter et as-*

urer le remplacement de l'impôt de la gabelle.

M. Delaunay a fait un tableau aussi vrai qu'énergique, des maux infinis qui résultent d'un régime devenu en horreur aux François.

Il a exposé que, si la gabelle est un fléau terrible pour les autres provinces, il est bien plus redoutable encore pour les Angevins, placés sur les frontieres de l'Anjou et du Poitou, aux bornes de l'empire fiscal.

Il a dit que les besoins extrêmes de l'état, nécessitant des sacrifices extraordinaires, le comité proposoit de remplacer l'impôt du sel par une prestation pécuniaire en argent, équivalente non au produit net de la gabelle, à raison de 30 liv. le minot, mais au produit net de l'ancien régime, à raison de 60 liv. le minot.

Il a observé que, si la province fait le sacrifice généreux d'un remplacement, à raison de 60 liv. le minot, et non de 30 liv., c'est en considération du déficit, qui peut avoir lieu sur les droits de traites et de tabac.

La

La matiere mise en délibération, lesdits représentans justement effrayés des maux affreux qui résulteroient du rétablissement d'un impôt, dont le nom seul révolte les habitans des villes et des campagnes, qui déja se trouvent armés pour repousser les ennemis de l'état ;

Considérant, que la réduction du prix du sel ne diminueroit pas en Anjou les énormes inconvéniens de la contrebande ; que ce prix est encore trop élevé, pour ne pas donner lieu aux spéculations lucratives des faux-sauniers, qui deviendroient même d'autant plus actives, que la rigueur des peines qu'ils encourent, viennent d'être justement adoucies.

Considérant, que l'immoralité de l'impôt demeure dans toute sa force, et que la diminution, dont l'effet général sera très-préjudiciable à la chose publique, devient absolument nulle, par rapport à la province d'Anjou, où depuis plus de trois mois, que les barrieres sont abattues ; que les employés de la ferme sont désarmés et mis en fuite, les pataches renversées, leurs batteaux brûlés et coulés à fond ; que le sel se vend librement, à raison de neuf deniers la livre ;

que chaque particulier s'est approvisionné de cette denrée pour nombre d'années ; il faudroit user de la plus grande rigueur pour forcer les citoyens à lever du sel dans les greniers de la ferme :

Considérant, que si cette funeste invention fiscale est par-tout un fléau, c'est principalement en Anjou, qu'elle fait ressentir les plus cruels effets ; que cette province, voisine de la Bretagne et du Poitou, avant l'abolition de la gabelle, étoit le foyer le plus actif de la contrebande ; qu'elle renfermoit dans son sein une multitude de faux-saulniers, toujours en guerre contre les suppôts de la ferme, et qui, tous également redoutables, désoloient les campagnes par leurs brigandages et leurs crimes :

Considérant, que l'agriculture est abandonnée, que les atteliers sont déserts, que le commerce est languissant, que la misere est générale, et que les hommes fuyant le travail, s'adonnent à tous les vices dont la gabelle est le germe corrompu :

Considérant, qu'envain l'on dit aux habitans de l'Anjou, que la prorogation de cet impôt n'est que provisoire ; qu'en vain on leur donne l'espérance de sa destruction future, que sans cesse trompés en leurs plus justes attentes, leurs frayeurs ne sauroient se calmer; qu'ils ne voyent que des piéges tendus à leur crédulité, et que les obstacles mis à l'accomplissement d'un vœu qu'ils ont si fortement et si généralement exprimé, font naître leurs inquiétudes et même leurs *soupçons* :

Considérant que l'annonce seule du rétablissement de la gabelle, a réveillé dans tous les cœurs le sentiment de la révolte et de l'insurrection, qui, prête à éclater, deviendroit le signal du meurtre et du carnage, dans une province où tous les individus quelconques sont résolus de repousser la force par la force, et de périr plutôt que de se soumettre de nouveau au joug odieux de la gabelle :

Considérant le déficit immense qui résulteroit du nouveau régime proposé pour cet impôt, le prix du sel étant réduit de moitié, et les frais énormes de sa régie restant toujours les mêmes :

Considérant qu'une prestation pécuniaire est l'unique moyen de venir d'une maniere efficace au secours de l'état; que dans un moment où le recouvrement de l'impôt de la gabelle est devenu physiquement impossible, cette prestation, dégagée de tous frais, sera pour le trésor public une ressource précieuse, dont il seroit nécessairement privé, si le nouveau régime avoit lieu :

Considérant, qu'il importe essentiellement, pour le bien général de l'état, que le recouvrement de tous les droits subsistans, se fasse avec la plus scrupuleuse exactitude :

Considérant, que dans tout le royaume, et notamment dans cette province, le défaut de versement des fonds dans le trésor public, vient moins des contribuables, qui ont toujours acquitté avec exactitude tous les droits et les impôts, que des agens du fisc, qui, cachant leurs recettes, en réservent le montant pour assurer leur cautionnement :

Considérant, que le salut du peuple est la suprême loi, et qu'il est des circonstances impérieuses, où le vœu général exprimé d'une maniere terrible et menaçante, ne laisse aucune incertitude sur le parti qui reste à prendre :

Considérant, enfin, que l'assemblée nationale, toujours sage et prévoyante dans ses opérations, par l'article II. de son décret du 23 septembre dernier, a formellement laissé aux provinces la faculté de supprimer dans leur sein le régime désastreux de la gabelle, en en assurant d'une maniere positive, et non équivoque, le remplacement :

Arrêtent ce qui suit :

Article Premier.

La gabelle demeure, dès ce moment, supprimée et anéantie de droit, comme elle l'est de fait, dans toute la province : en conséquence, il ne sera levé aucun sel dans les greniers de la ferme, par qui que ce soit, et la vente du sel sera entiérement libre.

Art. II.

Les directeurs, receveurs, contrôleurs, employés, et tous autres agens de la gabelle, ne feront dans la province aucunes fonction relatives à leurs précédens emplois.

Art. III.

Pour suppléer au produit de cet impôt, et le remplacer d'une maniere non-seulement équivalente, mais encore capable de produire un excédent considérable; les mêmes sommes qui avoient coutume d'être payées pour l'impôt du sel, (c'est-à-dire à raison de 60 l. le minot,) continueront à l'être par tous les contribuables, sans frais de perception, et sans que pour ce il leur soit délivré aucun sel. La présente prestation ne pourra être perçue que pendant six mois, à compter du premier octobre 1789; la suppression entiere de l'impôt du sel devant être effectuée avant cette époque.

ART. IV.

Il sera dressé dans toutes les paroisses, tant des villes que des campagnes, un nouveau rôle général, contenant les noms de tous les habitans, sans distinction de priviléges et de privilégiés, à l'effet de faire le remplacement du montant de l'impôt du sel dans chaque paroisse, non eu égard aux personnes, mais eu égard aux facultés, aux exploitations ou industrie de chaque citoyen.

ART. V.

Ces rôles seront faits par les commissaires nommés par les habitans des paroisses, et seront remis aux collecteurs actuels du sel, dans les campagnes, et à ceux qui seront nommés par les paroisses, dans les villes où il n'y a pas de sel d'impôt.

ART. VI.

Les nouveaux rôles qui seront faits pour le remplacement de l'impôt du sel, seront sanctionnés et arrêtés par les municipalités ; et dans les endroits où il n'y auroit pas de municipalités, par les comités. Lesdits comités et municipalités connoîtront de toutes les contestations ou incidens relatifs à l'exécution des rôles, lesquels seront exécutoires par eux-mêmes, sitôt leurs arrêtés, et ce provisoirement, nonobstant opposition ou appellation quelconque ; et dans le cas où quelques paroisses refuseroient de faire leurs rôles, le pouvoir exécutif, pour les y contraindre, est déféré au comité général de la sénéchaussée d'où relevent lesdites paroisses.

ART. VII.

Il sera établi une caisse générale dans la ville d'Angers, où tous les fonds provenant du remplacement de l'impôt du sel, seront versés directement, et sans frais, et de la même maniere, dans le trésor public.

Art. VIII.

Il sera établi des caisses particulieres dans chaque sénéchaussée secondaire : savoir, une à Baugé, où toutes les paroisses de son ressort, verseront leurs contributions tous les mois : une à Château-gontier, où toutes les paroisses de son ressort, verseront leurs contributions tous les mois : une à la Flêche, où toutes les paroisses de son ressort, verseront tous les mois leurs contributions : et une à Beaufort, où toutes les paroisses de son ressort, verseront tous les mois leurs contributions. Toutes ces caisses particulieres, ainsi que toutes les paroisses du ressort de la sénéchaussée d'Angers, verseront directement, et sans frais, le montant de leurs fonds dans la caisse générale de la ville d'Angers, en papiers, argent ou autrement, en répondant de leurs papiers; laquelle caisse générale versera directement, et sans frais, au trésor public; et quant aux paroisses, qui relevent de différentes sénéchaussées, elles verseront dans la caisse de la sénéchaussée dont le clocher releve.

Art.

Art. IX.

Les receveurs, tant des caisses particulieres, que de la caisse générale, feront leurs fonctions gratuitement.

Art. X.

Et pour connoître la prestation pécuniaire à imposer, à raison de 60 livres par minot, tant dans les greniers de vente libre, que dans les greniers de vente forcée ; les comités ou municipalités, sont autorisés de prendre, par-tout où besoin sera, les relevés des personnes sujettes au devoir de gabelle.

Art. XI.

Tous les arrérages qui peuvent encore rester dûs par quelques paroisses, sur les cartes déjà échues de l'impôt du sel, seront versés par les débiteurs, dans la caisse générale, le plus promptement possible. En conséquence, les municipalités arrêteront les rôles des trois dernieres cartes, dont ils enverront copie de leurs arrêtés au caissier de la sénéchaussée du district.

Art. XII.

Et pour caissier, receveur-général de la province, l'assemblée générale a nommé le sieur Dupont, greffier-secrétaire de l'hôtel commun de la ville d'Angers, entre les mains duquel tous les caissiers particuliers verseront chaque mois ; et le sieur Dupont versera lui-même chaque mois au trésor public ; ledit caissier fera imprimer les bordereaux de situation de sa caisse, tous les mois.

Art. XIII.

Il sera pris des mesures, afin de conserver au commerce, et dans la province, le numéraire de l'impôt, et ne verser dans la caisse nationale qu'en papiers, ou de toute autre maniere.

Art. XIV.

Les milices nationales de la province, chacune dans leur district, veilleront au recouvrement de tous les droits et impôts, en favoriseront la perception; de maniere que la rentrée des droits de traites et autres, n'éprouvent ni retardement ni altération.

Art. XV.

Le présent arrêté sera sur-le-champ présenté à l'assemblée nationale, par deux députés nommés à cet effet; et les voix ayant été prises pour la nomination desdits députés, l'assemblée a nommé, à l'unanimité des voix, MM. Dehoulières, et Delaunay-l'aîné, pour se rendre à Versailles, et présenter à l'assemblée nationale le présent procès-verbal; auxquels députés ils donnent tous pouvoirs nécessaires à cet effet.

Art. XVI.

L'assemblée générale présente, ne se regardera comme dissoute, qu'après avoir reçu la réponse de l'assemblée nationale, et qu'après le rapport qui aura été fait par ses députés à ladite assemblée. Le comité général d'Angers rassemblera ladite assemblée provinciale, suivant que les circonstances l'exigeront.

Art. XVII.

Les députés sont chargés de solliciter auprès de l'assemblée nationale, l'élargissement de tous les contrebandiers détenus soit aux galeres, soit dans les prisons, pour fait de contrebande, et de relever des liens du décret ceux qui en sont frappés.

ART. XVIII.

LE comité général d'Angers demeure autorisé à faire notifier à toutes les paroisses de la province, les arrêtés de l'assemblée, afin qu'elles n'en prétendent cause d'ignorance, et ayent à s'y conformer.

ART. XIX.

L'ASSEMBLÉE générale, pénétrée de la plus vive reconnoissance pour la maniere dont Messieurs les députés à l'assemblée nationale, défendent ses intérêts, et touchée du noble désintéressement qu'ils ont montré en refusant un supplément d'honoraires accordés aux autres députations, leur a voté des remercîmens, et a chargé Messieurs DEHOULIERES, et DELAUNAY, députés, d'être auprès deux, l'organe de tous les sentimens qu'inspirent leurs talens, leur patriotisme et leur fermeté à suivre constamment les bons principes. L'assemblée a également voté des remercîmens et des témoignages de satisfaction à M. le président et à Messieurs les secrétaires de la présente assemblée, sur la maniere dont ils ont rempli les pénibles fonctions dont ils ont été chargés ; a voté les mêmes remercîmens à Messieurs du comité général d'Angers, à qui elle doit son heureuse et importante réunion.

Elle a également voté à la même unanimité, ses remercîmens à Messieurs les volontaires d'Anjou, et au chef respectable de cette brave milice, de leur assistance et de leurs soins pour l'ordre et la sûreté publiques. Enfin, l'assemblée a voté l'assurance de sa gratitude à M. Dupont, pour l'offre généreuse qu'il a faite de se charger de la recette générale du remplacement qu'elle a décrété pour l'impôt de la gabelle, sans autre gage que l'honneur inexprimable d'être le dépositaire de la confiance publique, et de rendre des services désintéressés à sa patrie ;

ART. XX.

Le présent procès-verbal sera imprimé, lu et publié dans toutes les paroisses de la province, aux prônes des messes paroissiales, et par-tout où besoin sera.

Et ont signé, fors ceux qui ont déclaré ne le savoir.

Turpin.
Le Gouz du Plessis.
Martineau.
Drouillon de Morvilliers.
Roussel de la Guéranderie.
Bodard.
Desmazieres.
Couraudin de la Noue.
Huvelin du Vivier.
L'Abbé Perrochel.
Poirier.
Foussier de la Cassinerie.
Dehoulieres.
Goubault.

} Membres du Comité.

Raymbauld de la Douve.
Guillotin du Bignon.
Cahouet de Combre.
Murault.
Bayon.
Guérin des Brossses,
Boullay du Martray, Proc. du Roi.

} Conseillers de Ville, et Représentans de lad. Ville d'Angers.

Pierre Fontaine.
Mercier du Pati.
Maupoint, Curé.
Le Masson.
Poupard, Notaire.
Quiberdiere.
Julien Dupart de la Grée.
René Taudon.
Franç. Jacq. Letourneau.
Mathurin Roussin.
Jacques Grasset.
Houdet de la Rouillere.
André Mètayé.
Mathieu Mornet.
Pierre Rontard.
René Oger.
Mathurin Tessier.
Desillé.
Gallard.
Onillon.
Gourreau.
Coustard.
Gourreau de la Houssaye.
Joseph Fleuri Delisle.
Jean-François Paumard.
Julien Berthelot.
René Moudain.
Pierre Vincent.
Louis Edouard Pissonnet.
Charles Joseph Cury.
Joseph Bernard.
René Léon Falot.
Jean Marie Franç. Letort.
Louis François Menard.
Esprit Bancelin.
Michel Cupif.
Pierre le Droit.
Thomas de Jonchere.
Th. Chevalier de Jonchere.
Le Gouz du Plessis.
Nicolas Tassin.
René Richou.
Gauthier.
Jean-Baptiste Farge.
Jean Cadeau.
Parage du Pati.
Jean Lemercier-Lepré.
Pierre Moreau.
Louis Charles Druillet.
Alexandre Jean Garreau.
Pierre Breton, Vicaire.
Jacques Maurice Geffray.
Jean Riobé.
Renou.
Jacques Vallin.
Jean Trocheau.
Louis Simeneau.
Richard de la Vigne,
Claude Faultrier.
Jacques Louis Rousseau.

Gilles Moreau.	Jean Pirard.
Vincent Gendron.	Rogeron.
Antoine Landau.	Jacques Decorce.
Jacques Paillard.	Nicolas Bottereau.
Pierre Peteul.	Guy le Doyen.
Normand de Chambourg.	Jacques Barré.
Louis Maupoint.	Clémenceau Delalande.
François Mefray.	Jean Joseph Gilbert.
Yves François Guilemet.	Jacques Cadi.
Louis Sechet.	François Drouault.
Nicolas Trottier.	J. René Prosper Thubert.
Jean Jouan.	Pierre Godefroy.
François Michel Mercier.	Pierre Besnard.
Olivier Pierre Coulonnier.	Claude Marie Brocard.
Chereau de la Boulaye.	Léonard Dévallois.
René Simon.	De Bérenger de Mersix.
Pierre Chupin.	Jacques Lorion.
François Bretault.	René Jouet.
Jean Lusson.	Louis Challet.
Jean Onillon.	Toussaint Gouas.
Pierre Menard.	René Chesneau.
René Terrien.	Jacques Dillé.
Louis Brochard.	Gabriel Pierre Cochon.
Delaunay.	François Cazeau.
R. F. Gourand, curé.	René Babin.
Jean Chevallier.	Jacques Bertri.
P. Joubert.	René Marais.
Pierre de la Porte.	Urbain Bodier.
Jean Perrou.	F. G. Tousé du Bocage.
Bernard Bernard.	André Gendru.
J. B. M. Delanoue, curé.	Pierre Petit.
René Pierre Demaulne,	Mathurin Batard.

Jean Marie Chupin.
René Toutblanc.
Etienne Ribert.
François Cochard.
Jean la Croix.
Jean Châlon.
Louis Augebault.
Gastineau.
Vaugiraud Besnardrie.
François Louis Rabi.
François Rameau.
Jean Joseph Godin.
Julien Vallée.
Michel Bouju.
Jacques Lucas.
Mathieu Ledoyen.
François Avril.
Du Boys.
Toussaint Tarsin.
Pierre Taillecourt.
François Lacroix.
J. B. Etienne Berard.
Pierre Meffray.
François Viau.
Pierre Goësnard.
Armand Fayau.
Pierre Michel Huart.
Jean Delaunay.
Jacques Vaslet.
Sébastien Baudurseau.
Louis Pierre Duverdier.
Pierre Desueux.

J. B. Bigotiere.
Urbain Moreau.
Maurice Vincent Jubin.
Jacques Châble.
Ferrie.
De la Noue.
Letourneux de la Perraudiere.
Sourdille de la Vallette.
Lemotheux de Chitré.
De Grammont.
Martin.
Tauroau de la Vanie.
De Bouchamp.
Gourdon.
Rabeau.
Dutertre.
Hamon.
Roussier.
Pierre Briand.
Louis Gaudin.
Mathurin Doyen.
Marc Fouquet.
Mathurin Dolbeau.
Jean Boreau.
Jacques Guerin.
Jean Barault.
Gabriel Jouet.
Denis Aligon.
René Cirese.
Louis Richard.
Jean Maurille.

M. Gigault de la Giraudais.
M. Pierre Grosbois.
M. Jacq. Franç. Brisson.
M. André Fillon du Pain.
M. Joseph Audouys
Laurent Rousselliere.
Louis Pineau.
François Hebert.
Pierre Lespagnolle.
Alexandre Jolly.
René Guyot.
Gabriel Moreau.
De la Missionniere.
Joseph Nau.
Julien Duchesne.
Mathurin Thouin de la Gaudiere.
Pierre Soyer.
François Valin.
Charles Bertelot.
Guittet, curé.
Jacques Carré.
Pierre Daburon.
Jean Tharod.
Urbain Monteau.
Charles Gontard Delaunay.
Charles Neil.
Camille Varice.
Dumesnil Richous.
Marie Deslandes.
René Viollas.
François Brouard.
François Denis.
Pierre Comeau.
Antoine de Varice de Marcillé.
Alexandre Mounier.
Jacques Chalonneau.
René Thiot.
Etienne Lefeuvre.
François Proustiere.
Pierre Callet.
François Rousseau.
Jac. Louis Lehoux.
Jac. François Martin.
Pierre Pasquier.
Louis Maugin.
Jacques Pesneau.
Pierre de Glatigné.
Pierre Boussion.
Jacques Durot.
René Gardé.
Pierre Charbonneau.
Pierre Ménard.
Claude Cordier.
Pierre Terrieu.
Pierre de Terves.
Pierre de la Verrouilliere.
René Métivier.
Simon Coiseault.
Pierre Royer, curé.
Louis Desmelettes.
Jacques le Naim.

Louis Goyer.
Mathurin Jarry.
Joseph Davy.
Tristan Briandeau.
René Denay.
Maurice Tudoux.
Maurice Caillou.
Jean Aurian.
Armand Bacher.
Pierre Gélineau.
Christophe Nivelleau.
Emeri Vallée.
Charles Girardeau.
Pierre Basselin.
Jean Gramy.
René Priou.
René-Pierre Boulier.
Pierre Albert.
Claude Mazé.
Pierre le Blanc.
Pierre Prevost.
Pierre Poullain.
Jean Ouvrard.
Alexandre Aigrefeuille.
François Liger.
François Bertrand.
Pierre Pirard.
Pierre Rouecé.
Jacques Crochet.
Julien Planchenault.
Touplain de la Douelliere.
Félix Quélin de Karercado.
François Bidon.
Jacques Fouquet.
Baudouin, Vicaire.
Allaneau.
Etienne Pelletier.
Binault.
Farreyre, Curé.
Christophe Auger.
Sébastien Bazille.
Louis Colonnier.
François Thoineau.
René Robert.
Joseph Chassebeuf.
Mesnier Desloges.
Grignon.
Siret.
Mellet.
Jean André Rousseau.
M. G. J. Limier.
Boneau des Varennes.
Vallée.
René Rabault.
François Robert.
Hilaire Saudubois.
Louis Double.

DELAUNAY le jeune, Président de l'Assemblée.

DELAREVELLIERE, et DELAUNAY l'aîné,
Secrétaires de l'Assemblée.

www.ingramcontent.com/pod-product-compliance
Ingram Content Group UK Ltd.
Pitfield, Milton Keynes, MK11 3LW, UK
UKHW012127240726
13965UKWH00005B/2021

9 782013 047531